BUENOS-AYRES. — RUE DE RIVADAVIA.

LA RÉPUBLIQUE ARGENTINE (1)

I

ÉDOUARD MONTET.

La République Argentine, un des principaux États confédérés de l'Amérique méridionale, doit son nom à l'estuaire du Rio de la Plata (en français, rivière d'argent). Elle a pour bornes : au nord, le Paraguay et la Bolivie; à l'est, le Brésil, l'Uruguay, l'Atlantique; au sud, la Patagonie et la Terre de Feu; à l'ouest, le Chili. Son

(1) Les principaux ouvrages à consulter sur la République Argentine sont tout d'abord ceux d'Emile DAIREAUX, *Buenos-Ayres, la Pampa et la Patagonie* et la *Vie et les mœurs de la Plata* (Paris, Hachette,) puis ceux de Beck-Bernard, Bianconi, Guilaine, du Graty, Le Long. A signaler aussi un volume de date plus récente *Argentine Republic* (Washington, 1894), qui est un manuel bien développé, donnant des renseignements détaillés sur chacune des provinces, en se basant sur les statistiques. Voir également l'excellente revue argentine *La Biblioteca*, publiée à Buenos-Ayres.

territoire comprend un *district fédéral*, 14 *provinces* et 10 *territoires nationaux* ou *gouvernements* (*gobernaciones nacionales*) (1). Sa superficie est de 2,789,400 kilomètres carrés, sa population de 4,257,000 habitants (2). Dans ce chiffre, un peu plus de la moitié est représentée par les Argentins proprement dits, issus de la fusion des trois races indienne, européenne et nègre. L'autre moitié est fournie en grande partie par les Italiens, presque tous Génois, par les Basques espagnols, quelques milliers de Français, autant de Russes et, moins nombreux, des Allemands, des Anglais, des Autrichiens, des Suisses, des Belges, des Portugais, des Danois, des Américains du Sud et du Nord (3).

Le pays est riche en minerais et métaux précieux, mais les gisements ne sont guère exploités, faute de bras, de capitaux et de voies de transport. L'industrie manufacturière ne se développe que très lentement. La véritable prospérité de l'Argentin réside dans l'essor extraordinaire de son industrie agricole et de l'élevage (4).

Au point de vue du climat, le territoire peut se partager en trois zones allongées du nord au sud; région du littoral (orages fréquents, pluies abondantes, gelées rares); région de l'intérieur (froids rigoureux ou chaleurs excessives); région des Andes (gelées et neiges fréquentes) (5).

Les accidents du sol, montagnes et plaines, offrent un contraste saisissant. Les montagnes sont les *Andes*; les plaines, les *Pampas*. Les Andes, qui ne constituent point une chaîne unique, mais se décomposent en cordons parallèles, doubles, triples, quadruples même, enveloppent les vallées de leurs massifs. Les plus hautes cimes de cette Cordillère se dressent sur la frontière commune du Chili et de l'Argentin. Le point culminant est le pic d'Acongna (6,970 mètres d'altitude) (6). Les pampas, immenses, sans variété, désert de verdure, se déploient dès que l'on a franchi les portes de la capitale fédérale jusqu'à 500 lieues de là, sans arbres, sans fleuves, sans collines, presque sans villages.

II

L'histoire de la République Argentine remonte au seizième siècle. Juan Diaz de Solis et Vincent Yanez Pinzon explorèrent ensemble, en 1508

(1) La capitale fédérale est Buenos-Ayres, dans le *district fédéral*. Les quatorze provinces ont toutes, sauf deux, le nom de leur capitale, ce sont : Buenos-Ayres (chef-lieu la Plata), Santa-Fé, Entre-Rios (chef-lieu Concepcion), Corrientes, Cordoba, San-Luis, Santiago, Mendoza, San-Juan, Rioja, Catamarca, Tucuman, Salta, Jujuy. Les principaux *gouvernements* sont : Misiones, Formosa et Chaco, Pampa, Rio-Negro, Neuquen, Chubut, Santa-Cruz, Tierra de Fuego.

(2) Voir *Republica Argentina, segundo censo* (Buenos-Ayres, 1896). Ce second recensement a eu lieu le 10 mai 1895. Il a donné un chiffre de population de 4,042,990, tandis qu'en 1869 (date du premier recensement), ce chiffre n'était que de 1,830,214. L'augmentation en moins de trente ans a donc été de 120 pour 100. La ville de Buenos-Ayres a passé de 187,346 habitants à 663,854 (en 1892 elle en avait déjà 550,000, et l'accroissement a été de 100,000 en trois ans.) C'est dans la province de Tucuman que la densité est la plus forte (novembre 1881).

(3) De 1857 à 1890 l'immigration européenne a fourni à l'Argentin 1,880,000 colons étrangers.

(4) Voir H. Serrure, *Situation économique de la République Argentine en 1895*.

(5) Voir les travaux de Hahn dans le *Journal allemand de météorologie*.

(6) Voir les remarquables travaux de Steffen-Bodenbender et Brackenbusch dans *Mitteilhungen* de Petermann

et 1509, la côte septentrionale de l'Amérique du Sud jusqu'à la baie de Honduras et la côte orientale jusqu'aux approches de l'estuaire de la Plata. De retour en Europe, Solis tenta, en 1512, de reprendre cette expédition ; il en fut empêché par les protestations des Portugais. Mais après la découverte de l'océan Pacifique par Nuñez de Balboa, il repartit en 1515 avec deux vaisseaux, longea la côte du Brésil, atteignit les îles de los Lobos et le golfe de Maldonado. Son intention était de pousser jusqu'à Panama, mais il s'arrêta à l'embouchure du Rio de la Plata. L'aspect trouble de cette eau, son goût, lui firent reconnaître qu'elle n'appar-

CARTE DE LA RÉPUBLIQUE ARGENTINE.

tenait pas à l'Océan. Il lui donna le nom de mer Douce (*mar dulce*) et s'engagea dans le vaste estuaire. Sur la rive il aperçut des huttes, puis des indigènes. A la vue du navire, ils brandirent leurs armes d'un air menaçant. Solis se méprit sur le sens de ces signes et crut qu'on l'invitait à débarquer. Il descendit dans un canot avec quelques matelots. Mais à peine eurent-ils abordé et mis pied sur le rivage que les Charruas (Indiens sauvages) embusqués les assaillirent, les criblèrent de flèches, se jetèrent sur eux, leur coupèrent la tête et mutilèrent leurs cadavres. Le navire de Solis fit feu sur les naturels, les mit en fuite, mais dut quitter le fleuve et regagner l'Espagne (1).

(1) Voir L. Lanier, *Lectures géographiques* (Paris, Belin frères). — L'Amérique : République Argentine.

Les expéditions qui suivirent (Diego Garcia et Sébastien Cabot (1) en 1527-1530, Pedro de Mendoza en 1535-1537) ne furent pas plus heureuses. Ce n'est qu'à partir de la seconde moitié du seizième siècle que furent fondés les premiers établissements espagnols dans cette région. En se développant ils formèrent, au siècle suivant, la vice-royauté de Buenos-Ayres. Celle-ci subsista de 1776 à 1810. A cette dernière date, le peuple argentin proclama son indépendance. En juillet 1816, les Etats-Unis du Rio de la Plata affirmèrent leur existence nationale. Le Paraguay et l'Uruguay s'en détachèrent en 1822. La province de Buenos-Ayres voulut centraliser le pouvoir de la confédération. Il en résulta quatorze ans de guerre civile entre les centralistes ou unionistes et les fédéralistes, qui réclamaient l'autonomie de chaque province. Les luttes des généraux, chefs des divers partis, dégénérèrent en anarchie. Le sang ne cessa de couler dans la péninsule. En 1830, profitant des circonstances, le gaucho Rosas s'empara de la dictature et inaugura un régime de terreur qui dura jusqu'en 1852. La victoire remportée à Monte-Caceres (3 février 1852) par Urquiza, avec les forces alliées du Brésil, de l'Uruguay et de l'opposition argentine, mit fin à cette tyrannie. Toutefois la guerre civile se prolongea jusqu'au moment où la convention de l'Arana, en 1860, ramena Buenos-Ayres dans l'Union. Mitre fut appelé à la présidence de la République en 1862. L'année suivante, des difficultés de frontière décidèrent l'Argentin à se liguer avec le Brésil contre le Paraguay, qui fut écrasé en 1870. Mais à peine la paix rétablie, les provinces de Buenos-Ayres et de Corrientes se soulevèrent. Ces troubles étaient apaisés quand Roca prit le pouvoir en 1880, après Sarmiento (1868) et Avellaneda (1874). En mars 1882, Buenos-Ayres devint la capitale fédérale, et la province de Buenos-Ayres prit pour chef-lieu la ville toute neuve de la Plata (2). Le calme se maintint pendant quatre ans, sauf des contestations avec le Chili sur la délimitation des territoires de chacune des deux républiques en Patagonie (3). De 1890 à 1391, une crise politique et financière eut pour conséquence un ralentissement dans l'essor économique. Cette situation n'a pas encore perdu son caractère d'acuité. Les Républiques sud-américaines sont des volcans qui ne s'éteignent jamais complètement. On ne peut prévoir leur éruption, et quand celle-ci arrive, souvent les richesses acquises au cours de nombreuses années sont ensevelies sous les cendres. Mais la nature a été si généreuse pour elles, surtout pour l'Argentin, qu'elles réparent assez promptement leurs désastres. Si un gouvernement capable d'unir en un solide faisceau toutes les aspirations et tous les efforts pouvait se fonder à Buenos-Ayres, la République Argentine verrait aussitôt se rouvrir ses vastes horizons. Quoi qu'il en soit, tout permet de prévoir qu'au vingtième siècle elle entrera en concurrence commerciale avec l'Australie, peut-être même avec les États-Unis. Car c'est un pays de grand avenir.

Charles Simond.

(1) Voir sur Sébastien Cabot les ouvrages récents de Henry Harisse.

(2) La Plata est à 40 kilomètres de Buenos-Ayres. Cette ville fait des progrès prodigieux. En 1890 elle comptait déjà 65,200 âmes. Les étrangers, surtout les Italiens, y dominent.

(3) Voir, sur la question des *contestés* entre le Chili et l'Argentine, les écrits de H. Steffen et l'intéressant travail de D. Barros-Arana (Santiago, 1895). Sur la Patagonie même, le meilleur travail est celui de Siemiradski, auquel on peut joindre les études de Mercerat dans le *Bulletin de la Société de géographie argentine* (*Boletin Geogr. Argentino*, 1893).

LA PIERRE MOUVANTE (ENVIRONS DE BUENOS-AYRES).

A TRAVERS LES PAMPAS

(RÉPUBLIQUE ARGENTINE) (1)

I

LE RIO DE LA PLATA.

Le fleuve qu'on nomme le Rio de la Plata est l'estuaire formé par le Parana et l'Uruguay. Ce n'est plus un fleuve, quoique les eaux en soient douces; c'est presque un bras de mer, tant la largeur en est grande, et tant les tempêtes y sont violentes. Nous devons au régime des quarantaines d'y avoir navigué ou séjourné en tout près d'un mois; c'est dire que nous l'avons connu dans ses bons et ses mauvais jours.

A deux heures environ de Buenos-Ayres, au lieu où les paquebots attendent la libre entrée dans le port, la rivière est encore extrêmement large. A l'endroit où le navire français qui nous y conduisit la première fois était ancré, elle n'a pas moins, à ce que nous affirma le capitaine, de quatre-vingt-douze kilomètres, d'un bord à l'autre. Ses rives sont si éloignées (notre bateau était mouillé

(1) Les pages que nous reproduisons ici sont extraites, avec l'autorisation de l'auteur et des éditeurs, de l'ouvrage intitulé : *Brésil et Argentine*, notes et impressions de voyage par Edouard Montet, professeur à l'Université de Genève.

au milieu du fleuve), si plates et si dépourvues d'arbres qu'elles se confondent avec l'horizon. Le lever et le coucher du soleil ont lieu comme en mer, et, n'étaient les vaisseaux qui nous entourent, espérant comme nous dans le bon plaisir des autorités argentines, l'on se croirait en plein Océan, à mille lieues de la terre ferme. Cependant, par un temps très clair, ou plutôt grâce à la lunette d'un officier, nous apercevons la ligne effacée et terne de la côte, dont nous sommes séparés par la moindre distance. Cette bande qui, baignée par l'onde, se noie dans le ciel, sans accidents de terrain, sans végétation et sans vie apparentes, c'est là que nous allons aborder. Le pays où nous nous rendons serait-il par hasard celui de la désolation et de la solitude?

Le Rio de la Plata est perfide comme la plaine liquide. Il y a trois choses, dit le proverbe arabe, auxquelles il ne faut pas se fier : « la mer, le temps, le roi. » Si le sage Sémite avait vogué sur le « fleuve d'argent », il n'eût pas manqué de l'ajouter à sa liste. Dans l'estuaire, le temps change avec la rapidité de l'éclair, et même à plusieurs reprises dans les vingt-quatre heures. Le terrible *pampero*, ce vent redouté du marin et qui vient, comme l'indique son nom, des pampas du Sud, ne se contente pas de soulever l'Océan dans le golfe de Sainte-Catherine et à l'embouchure du Rio de la Plata; il se fait sentir au plus profond de l'estuaire, et en remonte le cours, plus prompt que la marée. De là des tempêtes, sur cette eau douce, plus redoutables pour les grands navires qu'en pleine mer. De là des brumes épaisses se répandant subitement, véritables dangers pour la navigation si animée de ces parages. Les brusques changements de température n'y sont pas moins sensibles.

Les couchers de soleil, sur ces nappes liquides infinies et leurs prolongements terrestres à la surface uniformément plane, offrent un merveilleux spectacle. On y est témoin parfois de phénomènes de mirage, tant l'atmosphère est pure et tant elle peut être calme, à ses heures. La première fois que nous y avons jeté l'ancre, en novembre 1892, malgré la très grande distance qui nous séparait du rivage, les sauterelles, dont une invasion ravageait alors le Sud argentin, tombaient sur le pont du vaisseau, messagers de terre qui n'annonçaient rien de bon.

Lorsque nous aurons débarqué, le Rio nous réservera d'autres surprises par ses flux et reflux, et, dans les environs de Buenos-Ayres, à marée basse, quand le fleuve se retire, en certains endroits, à deux ou trois kilomètres de distance, nous y verrons pratiquer la pêche à cheval. L'eau, en reculant, laisse à découvert des cavités et des trous où se réfugient les poissons surpris par la rapidité du flot descendant, et où on les prend aisément à la main, ou, si l'on craint de se mouiller, du haut d'un cheval, en les saisissant avec un filet comme dans un vivier.

II

BUENOS-AYRES.

On arrive à Buenos-Ayres par deux voies différentes. Les bateaux les moins grands, après avoir traversé le vieux port de la Boca, vous déposent sur les quais des nouveaux bassins. Les paquebots les plus encombrants sont obligés de s'arrêter au port de la ville toute récente de la Plata, qu'on appelle la Ensenada, où le débarquement a lieu également à quai; de là, en moins d'une heure de chemin de fer, on se rend dans la capitale.

La grande cité, à l'aspect tout à fait européen, de Buenos-Ayres compte près de sept cent mille habitants, en majorité étrangers. Ce sont surtout les Italiens et les Espagnols qui dominent dans l'immigration. Les Français y sont aussi fort nombreux; on estime à soixante-dix mille le total des représentants de leur nation dans l'Argentine, et la situation qu'ils y occupent dans le haut commerce ou la grande propriété, partant l'influence qu'ils y exercent, justifient l'expression par laquelle on désigne parfois L'Argentine en disant qu'elle est la plus belle colonie de la France. Dans les quartiers à la mode, la langue française est celle que l'on entend peut-être le plus parler, et dans les restaurants et les cafés fréquentés par le monde élégant aussi bien que dans les tramways et autres lieux publics, on se croit par moments transporté dans quelque ville de la France méridionale.

***

Buenos-Ayres, comme sa voisine la Plata, est une ville construite en damier, aux rues droites, longues et étroites. Un règlement de l'administration espagnole, à l'époque où elle fut reconstruite, imposa uniformément aux voies publiques la largeur mesquine de 13m,76, devenue tout à fait insuffisante avec la circulation si active des tramways, des camions et des voitures de tout genre. Les trottoirs n'ont qu'un mètre de large, et cette exiguïté explique la coutume, qui se perd de plus en plus, de céder le trottoir au beau sexe; c'est bien ici le cas d'employer cette expression rebattue, car la réputation de beauté des femmes argentines n'a rien d'exagéré.

Les rues, en se coupant à angle droit à intervalles réguliers, forment des carrés de maisons de cent trente mètres de côté, auxquels on donne le nom de *cuadras*. Dans ces dernières années, on a entrepris quelques percées destinées à créer de grandes artères, vraiment dignes de la capitale; quant aux faubourgs, leurs avenues rappellent celles de nos plus belles cités européennes. En attendant que le centre de Buenos-Ayres se transforme, ce qui nécessitera la dépense de sommes énormes, la rue la plus fashionable, où, pour ce motif, les tramways n'ont pas de rails et où la circulation des voitures est interrompue le soir depuis six heures, la *calle Florida*, quoique moins étroite que la rue du monde élégant à Rio de Janeiro, rappelle de très près, moins le pittoresque, la *rua do Ouvidor.*

Rien de plus monotone, comme construction, que Buenos-Ayres,

UN « VIGILANTE »
AGENT DE LA POLICE URBAINE.

à cause de la similitude des maisons et du petit nombre des édifices publics. Il faut signaler cependant, comme monuments, la « Maison Rose » ou palais du gouvernement, la cathédrale, toutes deux sur la belle place Victoria, ombragée de palmiers quelque peu rabougris poussant en pleine terre, des théâtres (ils sont nombreux), des écoles, des banques, etc. Mais rien de plus intéressant et de plus vivant que Buenos-Ayres, par la fiévreuse activité que le commerce y déploie. L'un des ports les plus fréquentés du Nouveau Monde, Buenos-Ayres est la tête de toutes les lignes ferrées, fort bien établies, de l'Argentine, qui vont, dans toutes les directions, drainer les productions du sol, pour les déposer dans des docks immenses; ces docks, où sont entassés laines, cuirs et

VUE DE BUENOS-AYRES.

céréales, ne sont pas l'une des moindres curiosités de la ville.

Une des particularités de la capitale est l'organisation de sa police, qui passe pour fort tracassière, et à laquelle, paraît-il, on a fait payer cher ses procédés inquisiteurs pendant la révolution de 1890. Mais il faut lui rendre justice; ses services sont des plus précieux dans une cité où abondent, dit-on, les gens suspects ou redoutables et où les vols sont très fréquents. Les « vigilants », comme on les appelle, ne circulent point à l'aventure à travers les quartiers; ils sont à poste fixe et montent la garde à chaque carrefour. Tous les cent trente mètres, aux angles des cuadras, se tient un vigilant, relevé de sa faction aux heures réglementaires, et la nuit, chaque quart d'heure, sifflant son camarade de la cuadra voisine, pour constater sa présence et assurer la surveillance de la ville. Ces coups de sifflet, pour qui n'est point accoutumé à les entendre, produisent un singulier effet. Les vigilants sont intéressants à un autre titre; recrutés, comme les soldats argentins, un peu partout, ils comptent dans leurs rangs un assez grand nombre d'Indiens du Chaco, enlevés à leurs tribus. Pour l'ethnologiste, ce mode de recrutement n'est point indifférent.

Buenos-Ayres offre au visiteur étranger plusieurs spectacles qui, malgré leur perpétuelle reproduction, n'en sont pas moins attrayants. Tels sont les cornets aux sons variés et originaux dont se servent les conducteurs de tramways, et qui ont le don de vous mettre en gaieté. Au lieu du sonore et monotone retentissement des trompes automatiques dont sont pourvues les voitures publiques de nos pays, le cocher argentin module sur son instrument un air égrillard, qui perce le bruit le plus étouffant de la rue et parvient ainsi à vos oreilles en joyeux avertissement. Tels sont encore les chars à bancs, qui stationnent comme les fiacres et qui portent, en guise de numéros, des devises comme celle-ci : « Dis-moi qui tu hantes, et je te dirai qui tu es. » Tels sont encore les laitiers basques, arrivant de la campagne perchés sur des chevaux, au petit trot lourdaud et cadencé, au milieu de leurs barattes et de leurs bidons en fer-blanc. Leurs montures sont dressées à une allure spéciale, lente et sautillante, de façon que le beurre se forme de lui-même dans les longs récipients flanqués contre la selle, durant le trajet de la ferme à la ville. En sautant à terre, le Basque donne à ses clients un beurre tout frais, authentiquement pur, et qu'il presse dans un linge, sous les yeux mêmes de l'acheteur, pour en extraire le petit-lait et le livrer en boulettes grossièrement arrondies.

Buenos-Ayres possède, dans ses environs (1), plusieurs promenades intéressantes, entre autres le parc de Palermo, rendez-vous de toutes les élégances argentines. Il faut encore citer le jardin

(1) Aux environs de Buenos-Ayres on peut admirer, en grand nombre, de superbes eucalyptus; mais l'arbre le plus typique de la région est l'*ombú* au tronc spongieux.

zoologique, Belgrano, où les Suisses ont construit leur *Stand*, le Tigre, sur les bords du Parana, où se trouve l'arsenal maritime de la République et où nous avons vu ses torpilleurs, etc., etc.

En allant à Palermo, on peut visiter le beau cimetière de la Recoleta, véritable nécropole au sens littéral du mot, car les grandioses monuments funèbres qui y ont été élevés forment de vraies rues et comme un quartier des morts dans les quartiers des vivants. Chose étrange, les cercueils, le plus souvent, ne sont pas cachés dans le sol ni enfermés dans des caveaux; ils sont généralement déposés dans des cases grillées et vitrées, où chacun peut les voir, et où les familles des défunts constatent leur présence. De hauts édifices, de construction simple mais décente, renferment un grand nombre de ces cellules, louées ou vendues à des particuliers, qui n'ont pas les moyens de se procurer un tombeau dispendieux.

Les distractions de Buenos-Ayres sont nombreuses : théâtres, cafés-concerts, courses de chevaux, *canchas de pelotas*. On appelle de ce nom des jeux de paume où des équipes de joueurs de profession engagent et poursuivent des parties, sous les regards d'un public passionné, qui vocifère, s'anime et s'agite comme à la bourse, parce que l'intérêt du spectacle consiste dans les paris dont chaque joueur ou chaque équipe est l'objet

Le climat de Buenos-Ayres est caractérisé par son extrême variabilité : très chaud en été, où les vents brûlants du nord font parfois monter le thermomètre à 40 et 45 degrés, froid en hiver, où les vents du sud et du sud-ouest causent le gel et où il arrive même que le thermomètre descende à plusieurs degrés au-dessous de zéro. Mais, si les brouillards du Rio de la Plata provoquent de brusques changements de température, l'hiver, malgré ses froidures, y est beau, car la neige y est inconnue. Somme toute, c'est un climat médiocre, à cause de ses variations soudaines, et, ce qui le prouve, ce sont les épidémies terribles qui ont ravagé la ville à plusieurs reprises : en 1867 le choléra, en 1871 la fièvre jaune, qui y a fait vingt-six mille victimes (1).

Nous ne quitterons pas Buenos-Ayres sans signaler aux amateurs les magnifiques fourrures qui s'étalent dans les vitrines de ses magasins, et surtout les merveilleuses dentelles du Paraguay, que l'on y vend à des prix relativement modérés, et dont les finesses d'une délicatesse incomparable méritent bien le nom indien qu'elles portent de *ñandú*, qui signifie en guarani araignée.

(1) Il y a cependant quelques localités où le climat argentin est plus favorable, telles que Cosquin, à 45 kilomètres de Cordoba, Rio Ceballos, à proximité de la même ville, Belchite, dans San Luis, Santa Maria da Camarca. On les choisit pour emplacement des sanatoriums (C. S.)

III

LA PAMPA CENTRALE (1).

La pampa centrale présente deux aspects tout à fait différents, selon qu'on en parcourt les *planicies* ou les *cañadones*. Les *planicies* ou plaines sont des plateaux sablonneux, élevés de quelques mètres

BUENOS-AYRES. — LA BANQUE NATIONALE.

seulement au-dessus du niveau de la mer, et s'étendant à perte de vue, sans qu'un arbre ni un cours d'eau en rompe la désolante monotonie. De grosses touffes de l'herbe, de haute venue, qu'on appelle *pasto amargo* (pâturage amer) en parsèment l'espace. Entre les touffes, c'est le sable qui apparaît, et qui se couvre rapidement d'un gazon fin, lorsque la pluie vient à tomber. Le *pasto amargo* est dédaigné par la plupart des animaux, sauf en temps de disette, ou à moins qu'il ne soit encore très jeune. Çà et là des buissons épineux sont entremêlés au pasto. Les plateaux sont les parties les plus déshéritées de la pampa, partant les moins habitables.

(1) Province de l'Argentine qui appartient à la catégorie administrative des *gobernaciones nacionales* (les territoires nationaux) et qui dépasse en superficie le quart de la France.

Les *cañadones* sont des bas-fonds boisés; ce sont des vallées ou

BUENOS-AYRES. — PLACE DE LA VICTOIRE (REVUE DES TROUPES).

des vallons sans eau qui forment des échancrures dans les plateaux. Les arbres y poussent et y sont assez nombreux pour que l'on puisse parler de bois. Mais les bois de la pampa ressemblent plutôt à des parcs ombragés qu'à des forêts. Les troncs quelque peu gros y sont fort espacés; un gazon court et ténu s'étend entre eux, et les arbustes qui croissent à leur ombre, et la verdure, qui transforme certains de ces *cañadones* en petits paradis terrestres, font partout subodorer des sources qui nulle part ne se montrent

La végétation de la pampa est essentiellement épineuse; on peut compter les plantes ou les arbrisseaux dépourvus de piquants. Les principales essences des parties boisées sont le *caldén* et l'*algarrobo* (caroubier), dont les caractères généraux et la physionomie sont sensiblement les mêmes, et qui diffèrent surtout par le fait que le dernier garde son feuillage en hiver, tandis que le premier le perd. Le caldén, plus abondant, atteint parfois la hauteur du chêne, mais le plus souvent il est rabougri. Son tronc est tourmenté et noueux comme celui du rouvre, et ses feuilles sont formées de fines aiguilles, comme celles du sapin. Excellent pour le chauffage, cet arbre précieux fournit aussi un bois solide et beau, pour tous les ouvrages de charpenterie et de menuiserie. Nous avons habité une ferme, dans la pampa, où les boiseries et le mobilier avaient été faits sur place en bois de caldén. Il nous souvient, en particulier, d'une grande armoire à deux battants qui ne le cédait en rien aux meubles du même genre, en chêne ou en noyer, qu'on voyait autrefois dans les demeures de nos pères.

Parmi les arbustes caractéristiques de la pampa, nous citerons entre autres le *chañar* à l'écorce jaune, dont le bois est extrêmement dur. On trouve aussi de rares et mesquins cactus, et une collection fort complète de buissons et de plantes épineuses. Partout des épines, témoins de la sécheresse du sol et du climat.

Le sol sablonneux et toujours altéré de la pampa est généralement impropre à la culture, sauf sur quelques points qui constituent de véritables oasis dans ces solitudes herbeuses, où l'homme ne vit qu'à la condition d'être pâtre, et que les Hébreux désignaient par un mot spécial, celui de *Midbâr*, signifiant tout à la fois un désert et un lieu de pâturage. La pluie est rare dans les steppes du sud de l'Argentine; en trois mois d'hiver, nous avons enregistré une chute d'eau de quelques heures à peine. Mais si la pluie est exceptionnelle, le vent est surabondant. Aussi comprend-on bien pourquoi l'industrie des moulins à vent est prospère dans l'Argentine, où un fabricant humoristique fait peindre sur les ailes des appareils qu'il installe ces mots véridiques : « El viento es barato », le vent est bon marché!

A la sécheresse du sol pampéen, qui en rend le travail si difficile, viennent donc s'ajouter les vents violents, qui en balayent la surface, apportant du sud le froid, du nord la chaleur brûlante, et parfois aussi, pour comble de malheur, les sauterelles. On peut noter les journées où l'atmosphère est calme; presque toujours elle est agitée peu ou prou, à moins que le vent ne souffle avec rage ou en tempête. Ce sont ces rafales qui, en un instant, couvrent d'une poussière de sable d'immenses étendues, et qui en une nuit enterrèrent le jardin potager que mon ami Don X... s'obstinait à vouloir planter; mais aussi ce sont elles qui font de la pampa une région remarquablement saine. Les épidémies y sont inconnues; il y a, d'ailleurs, peu d'habitants, pas même un par kilomètre carré (1)! Seul les accidents, les chutes de cheval surtout, sont à redouter.

Le vent, qui règne en maître souverain dans ces plaines infinies, y est la cause de phénomènes particulièrement intéressants : je veux parler des ouragans de sable et des incendies de prairies. Ayant été témoin des uns et des autres, je puis rapporter l'impression que ces spectacles, aussi grandioses que terrifiants, ont produite sur moi.

Lorsque je vis, pour la première fois, dans la pampa, un de ces violents assauts que se livrent les vents déchaînés et qui soulèvent des colonnes de sable, c'était en plein été, le 2 décembre 1892. A 4 heures de l'après-midi, le ciel devint rapidement très chargé dans la direction de l'ouest. A l'extrême horizon, on apercevait comme des nuées jaunâtres; c'étaient des nuages de sables emportés par la tourmente, qui, quelques instants après, devait nous atteindre. Tandis que nous contemplons ces lointaines menaces non sans inquiétude, et on comprendra bientôt notre angoisse, l'atmosphère autour de nous était tranquille; mais je ne sais quelle pénible anxiété planait sur nous et sur la nature qui nous environnait. Cependant l'ouragan approchait. Tout d'un coup, au calme plat mais perfide du moment présent succède la tempête. Le vent éclate dans toute sa fureur, l'atmosphère est troublée par les sables aspirés par le cyclone, l'air en est saturé, le jour baisse. Sous la violence de l'orage, les arbres plient, la tête des arbustes touche le sol; chevaux, vaches, moutons et bêtes sauvages fuient épouvantés et vont se réfugier derrière les dunes et les buissons, ou dans les crevasses du sol. Nous voyons, fendant l'air au galop désespéré de sa monture, un gauchc attardé dans la plaine : l'animal sera fourbu, s'il ne tombe avant d'arriver au rancho. Pour nous, nous nous précipitons dans la maison, solidement bâtie, mais qui tremble sous la tempête, secouée comme un navire en détresse. Blottis contre la muraille, nous nous recommandons à la Providence. Il y a trois ans, dans un ouragan semblable, la toiture en zinc et la poutraison ont été emportées d'un seul coup; cette fois, elles résisteront. Solives et plaques métalliques sont fixées aux murs extérieurs par de gros fils de fer, tordus comme des

(1) Exactement 0,3.

câbles et solidement scellés. Portes et fenêtres sont hermétiquement closes, protégées par leurs volets, que nous avons fermés, et malgré cela le sable vole dans la chambre où nous nous sommes retirés pour soutenir le siège. Au dehors, la tempête fait rage, les éclairs sillonnent la nue sablonneuse, quelques violents éclats de tonnerre se font entendre, et cela pendant une demi-heure tout au plus; mais quelle demi-heure! A l'orage sec succède une pluie légère qui mouille à peine le sol, et tout rentre dans l'ordre. Don E...,

BUENOS-AYRES. — PALAIS DU GOUVERNEMENT.

qui habite la pampa depuis neuf ans, me déclare n'avoir jamais été témoin d'un pareil déchaînement des vents. Dans la journée, avant l'orage, la chaleur avait été accablante.

Depuis cette date mémorable, j'ai vu souvent dans la pampa, soit en été, soit en hiver, des rafales à décorner les bœufs, mais c'est la seule fois que j'aie eu peur du vent. Lorsqu'il souffle en tempête, l'existence du pampéen est bien misérable; il en est réduit à se blottir dans sa case et, couvert de son *poncho* (1), à attendre que l'effort de l'ouragan soit rompu. L'habitant de l'estancia, pour

(1) Le *poncho* est une sorte de manteau formé d'une pièce de tissu quadrangulaire, présentant dans son milieu une fente pour passer la tête. Les ponchos les plus beaux et les plus chers sont en laine de guanaco.

BUENOS-AYRES. — STATION DU CHEMIN DE FER CENTRAL ET HOTEL DES DOUANES.

avoir un sort plus enviable dans sa confortable demeure, n'en soupire pas moins vivement après le calme des éléments. Est-il en train de lire ou d'écrire, il doit, à chaque instant, secouer son papier pour en chasser le sable ténu qui ne cesse de s'y déposer. Est-il à table? En mangeant, il sent craquer sous sa dent les grains de quartz, et, au fond de son verre, se forme un dépôt sableux qui souille sa boisson.

Un spectacle non moins grandiose dans l'effroi qu'il répand, c'est celui qu'offre la prairie, lorsque l'incendie s'y est déclaré. Le feu prend souvent dans les steppes, en hiver, par les sécheresses excessives qui ont rendu presque spontanément inflammables *pasto amargo*, *pasto tierno* (tendre), et tous les pastos imaginables.

En juillet 1893, depuis plusieurs jours, le feu nous environnait, mais il était éloigné, et le vent le chassait de nos parages. Comment avait-il été mis? Nous ne l'avons jamais su, mais certainement il était dû à l'imprudence de quelque gaucho; car, en cette saison d'hiver, il n'y a jamais d'orage et la foudre ne peut être accusée. Le gaucho a toujours la cigarette à la bouche, et, quand il court sur son cheval à travers les hautes herbes, qui sait où tombe le tabac embrasé qui s'échappe de ses lèvres?

Depuis dix jours environ, l'horizon était obscurci par d'épaisses fumées, et la température, sous l'influence de ces immenses foyers, s'était sensiblement élevée (1), quand le vent, tournant au nord, rapprocha le danger de notre estancia. Le feu va vite, lorsque le vent l'active; dans l'herbe qu'il consume, il saute de touffe en touffe avec une rapidité telle, qu'un cheval au galop a peine à le suivre et est bientôt dépassé. Lorsque l'incendie fut signalé dans notre direction, c'était à la nuit tombante. Au loin, vers le nord, sur la *planicie*, une barrière de feu, d'une longueur d'au moins dix kilomètres, s'avançait menaçante de notre côté. A mesure que les flammes devenaient plus distinctes, le spectacle était de plus en plus imposant. Mais il ne s'agissait point alors d'admirer le désastre: il fallait l'arrêter et sauver le bétail disséminé sur les plateaux.

Les animaux à moitié sauvages élevés par l'estanciero, se comportent fort différemment dans le péril de l'incendie. Les vaches fuient instinctivement; les sauveteurs n'ont pas besoin de songer à elles. Mais il n'en est pas de même des chevaux et des moutons, qui, paralysés par la peur, périssent sans tenter le moindre effort pour échapper à la mort. Tandis que plusieurs d'entre nous vont battre le rappel parmi les troupeaux et les parquer en lieu sûr, les gauchos partent pour attaquer le foyer et essayer de le détruire.

(1) Les hivers dans la pampa sont très beaux et très secs, mais froids. Pendant le jour, si le vent ne souffle pas, la température, au soleil, est fort agréable (environ 15°); mais la nuit, le thermomètre descend souvent au-dessous de zéro.

Quand le vent le permet, on éteint le feu en frappant les herbes enflammées à coups de peau de mouton fraîchement dépecé, ou en traînant sur la lisière brûlante, un cuir de bœuf mis à mort à cette occasion, tendu tout sanglant sur deux bâtons en croix. Parfois aussi, quand la direction du vent s'y prête, on allume un contre-incendie, et le feu redouté s'éteint de lui-même, faute d'aliment, en arrivant au rayon intentionnellement brûlé.

Cette fois, le vent étant tombé, nous en fûmes quittes pour la peur. Il n'y eut, dans la propriété que nous habitions, que cinq ou six kilomètres carrés de ravagés; deux chevaux seulement périrent, tandis que, chez l'un de nos voisins, deux cents moutons de choix furent perdus. Quant aux perdrix et aux renards qui, courant affolés, furent rôtis ou grillés, nul n'en a jamais su le nombre.

HECHERO (PORTEUR DE LAIT).

Ce qui manque à la pampa, non seulement en temps d'incendie, mais pour la vie de chaque jour, c'est l'eau. On n'y rencontre guère, surtout dans la partie centrale, que de rares lagunes salées ou amères. L'eau douce y est exceptionnelle, et le plus sûr moyen de s'en procurer est de recueillir la pluie, si elle vient à tomber. Lorsqu'on creuse un puits, l'eau qu'on en retire est, le plus souvent, ou saumâtre, ou amère ou chargée de sels qui en rendent la digestion difficile, sinon impossible. Et cependant, gens et bêtes de la région la digèrent à merveille dans la plupart des cas!

Souvent le sol pampéen est couvert d'efflorescences salines ou nitreuses, trahissant la nature des nappes liquides souterraines. Lorsque les vents agitent les marais et y soulèvent des vagues, l'écume qui blanchit la surface se dépose sur les bords, où elle ne tarde point à se solidifier, et ce dépôt est toujours salin ou nitreux. Ce sont ces eaux si peu tentantes, après lesquelles soupirent les animaux des champs. C'est auprès de la lagune salée, ou à la *noria* (1),

(1) On donne le nom de *noria* à un appareil formé d'un tambour autour duquel s'enroule une chaîne sans fin soutenant des seaux, qui vont puiser l'eau au fond du puits. Le tambour est mis en mouvement par une mule ou par toute autre bête de somme. Le mot espagnol *noria*, d'origine arabe (*nâ ourât*, roue hydraulique), a d'ailleurs passé en français.

ESTANCIA SANTA CELESTINA.

ou aux abreuvoirs du *jagüey* (1), que viennent, une fois par jour, vaches, chevaux et moutons, franchissant souvent plusieurs lieues pour boire et retournant ensuite par le même chemin pour regagner leurs lointains pâturages. La nuit, c'est au tour des cerfs, des autruches, et de toutes les bêtes sauvages, d'étancher leur soif et de s'approcher ainsi des habitations, parce que les fermes sont généralement bâties dans le voisinage des marais. Dès qu'il pleut, tous cessent de venir, heureux de se reposer, en se contentant des flaques formées par la pluie.

Les vents, les sables et les salures de toute sorte (2) de la pampa, les admirables couchers de soleil qui en sont la parure la plus belle, établissent un rapport des plus étroits entre les plaines liquides de la mer et ces plaines sans eau, d'un caractère si original du sud de l'Argentine. Assis sur les dunes mouvantes qui entouraient le site de Maraco, et dont les pentes dénudées s'abaissaient jusqu'à la grande lagune, où canards, cygnes sauvages et flamants roses prenaient leurs ébats, il me semblait voir, à l'approche de la nuit, je ne sais quel rivage méditerranéen où, enfant, je courais à travers les dunes, heureux de ces sables stériles où je pouvais, à mon gré, construire tunnels, canaux et châteaux forts ! Que de fois, dans la pampa, n'ai-je point rêvé de la mer, qui a

ESTANCIA MARACO (LA NOUVELLE HABITATION).

toujours exercé sur moi une impression si vive et un attrait si

(1) Le mot espagnol *jagüey* désigne, à proprement parler, une grande mare, sorte de collecteur des eaux d'un terrain. Pour puiser l'eau du jagüey, on se sert dans la pampa d'un grand récipient en métal muni d'un long conduit qui bascule sur un support. Le récipient repose au fond de l'eau, d'où il est soulevé par une chaîne roulant sur une poulie et tirée par un cheval. L'animal, en avançant, élève au-dessus de la mare le récipient dont l'eau coule dans les abreuvoirs par le conduit qui y est soudé. Le récipient vidé retombe de son propre poids au fond de la mare, lorsque la chaîne cesse d'être tendue.

(2) Il y a des plantes et des herbages au goût saumâtre.

irrésistible! Et si la pampa a laissé, dans mon souvenir, une empreinte si profonde, c'est peut-être que, terre ferme, elle est l'image des flots mouvants dont le balancement m'a si souvent bercé, et dont les infinies perspectives sont pour moi la révélation la plus vivante du Dieu partout présent!

IV

L'ESTANCIA ET LES HABITANTS DE LA PAMPA.

L'estancia, dont nous avons déjà cité le nom à mainte reprise,

LES SABLES A LA PAMPA.

est la ferme pampéenne. Si le propriétaire est riche et s'il aime le bien-être, la maison qu'il habitera sera construite avec soin et rappellera le confort des demeures européennes à la campagne. Il ne lui sera pas aisé de s'établir ainsi, car, loin de toute voie ferrée ou carrossable, tout, absolument tout devra être fait sur place : briques, poutres, boiseries, etc. Les seuls matériaux indispensables qu'il devra se procurer à grands frais sont la chaux, les ferrures et la toiture de zinc. Si l'estanciero est pauvre, négligent ou avare, il se contentera d'un rancho, c'est-à-dire de l'habitation commune du pampéen : case en terre battue recouverte de branchages et de chaume, où, le plus souvent, la porte sert tout à la fois de fenêtre et de cheminée.

C'est dans le rancho que vit le gaucho, ce métis espagnol-indien si typique dans ses qualités et ses vices. Énergique et fier comme l'Argentin, mais joueur aussi effréné que lui, le gaucho joint aux emportements du sang espagnol et aux allures seigneuriales de cette race d'hidalgos les instincts étonnants de l'Indien, les flairs stupéfiants du non-civilisé. D'un teint basané et d'une physionomie caractéristique qui tient à la fois de l'Européen de la péninsule Ibérique et de l'indigène pampéen, le gaucho personnifie le pittoresque le plus achevé que l'on puisse rêver. Vêtu d'une courte veste et du poncho, il porte un large pantalon serré à la cheville, et dont l'ampleur est accrue par le *chiripa*, pièce d'étoffe quadrangulaire artistement arrangée en forme de jupe, au-dessus des bottes ou des simples *alpargatas* (sorte de chaussure de corde). Une large ceinture de cuir, à poches, appelée *tirador*, et parfois ornée de plaques d'argent, soutient le *chiripa* et sert au gaucho à serrer son tabac, son argent, ses cartes, et avant tout son *cuchillo*, qu'il sait aussi bien manier pour venger son honneur sur son semblable que pour dépecer un mouton ou écorcher une vache. Ajoutez un foulard de couleur (*vincha*) autour de son cou, un chapeau de feutre sur sa tête, et surtout n'oubliez pas la cigarette à ses lèvres, et vous aurez devant vous le portrait authentique du roi de la pampa.

C'est dans le rancho, une façon de gourbi, qu'habite ce grand seigneur, aux vêtements souvent en loques, qu'on appelle le gaucho. C'est qu'il est fréquemment dans la misère, ruiné par sa passion du jeu, à laquelle il sacrifiera même son couteau à manche d'argent, s'il en possède un de cette valeur, et même son cheval préféré. Dans le rancho, rien ou à peu près rien. Des peaux de mouton sur le sol, pour dormir tout habillé; pendus aux murs, les rênes et le harnachement de sa monture, et, au foyer, la calebasse munie de la *bombilla* (tuyau terminé par une passoire), pour boire en l'aspirant le *mate* préparé en jetant de l'eau bouillante sur la *yerba del Paraguay* pulvérisée.

Mais vous ne pouvez pas juger le gaucho quand il est à pied; il faut le voir sur l'un de ces rapides coursiers pampéens qui ne connaissent d'autre allure que le galop. Là, il est vraiment admirable. Ce n'est d'ailleurs qu'en selle qu'il daigne travailler, armé du lasso ou des *bolas* (1), pour saisir au passage et renverser à terre chevaux, taureaux, cerfs ou autruches. De retour à son rancho, pour se reposer de ses fatigues, il prendra sa mandoline et bercera, de quelque chant plaintif ou de quelque gai refrain, son ennui ou son désœuvrement.

(1) On done le nom de *bolas* à trois boules en pierre ou en métal suspendues à trois lanières de longueur inégale et attachées ensemble, Le *boleador*, tenant dans sa main la boule dont la courroie est la plus courte, fait rapidement tourner les deux autres au-dessus de sa tête et, au moment voulu, les lâche dans la direction visée par lui. Nous avons vu des gauchos tuer ainsi, du haut de leur cheval, des perdrix, malgré la petitesse relative de ce gibier.

Si le gaucho ne se plaît qu'à cheval, ce n'est point l'espace à parcourir qui lui manque. Les estancias, en effet, s'étendent sur d'immenses superficies. Les propriétés de 50, 100, 150, 200 kilomètres carrés sont nombreuses, et beaucoup dépassent ces limites. L'élevage, dans une région où les pâturages sont maigres et où la sécheresse est fréquente, nécessite l'occupation de terrains très vastes, pour suffire à l'alimentation du bétail. Si vous avez à nourrir, avec l'herbe des champs seule, pendant toute la durée de l'année, 15 ou 20,000 moutons, 500 vaches et 200 chevaux, il vous faudra tout un canton pour assurer l'existence à vos bêtes, et les troupeaux dont nous fixons ainsi le nombre de têtes sont loin d'être exceptionnels dans la pampa.

Malgré leur étendue, ces terres de pâturages sont souvent closes, et mêmes divisées en parcs nommés *potreros*. Les clôtures, à peu près à hauteur d'homme, sont formées de pieux enfoncés dans le sol et reliés entre eux par quatre ou cinq gros fils de fer, destinés à empêcher les animaux de sortir de la propriété. Nonobstant, les chevaux sauteurs s'échappent, et les moutons apprennent à passer entre les fils plus rapprochés du bas et fortement tendus. Il est facile de calculer ce que peut être la dépense d'un pareil établissement. Doń Z..., dont l'estancia mesurait environ cent kilomètres carrés, m'affirmait avoir payé trente mille francs pour l'entourer d'une semblable barrière..

Les estancias non closes exigent une surveillance bien plus étroite et bien plus vigilante de la part des péons, et le bétail s'y perd bien plus aisément. Les gauchos sont alors obligés de camper dans la pampa, souvent fort loin de toute habitation et de toute lagune. C'est ainsi que nous avons rencontré plus d'une fois, dans un val giboyeux où nous nous rendions fréquemment, un vieux gaucho qui y vécut solitaire près de deux mois, ne quittant son lieu de garde que pour renouveler sa provision d'eau; il nous racontait que, la nuit, les renards venaient le flairer pendant son sommeil, et qu'une fois même ils avaient déchiré la peau qui lui servait de couche.

La vie à l'estancia n'est pas monotone, comme on serait tenté de le croire. L'estanciero, qui en dirige les travaux, a des occupations variées. La première est l'inspection régulière des potreros; chaque jour il faut parcourir les parcs, vérifier si la clôture n'est pas rompue, rechercher les bêtes échappées, dépecer les animaux trouvés morts et rapporter leurs peaux, dont la valeur est moindre, parce qu'elles ont été prises sur des cadavres abandonnés et perdus dans la prairie, mais suffisante pour qu'il vaille la peine de les conserver. Ce sont les serviteurs de l'estancia qui vont ainsi faire la ronde du matin jusqu'au soir, mais le maître doit contrôler leur besogne, et les longues chevauchées ne lui sont point épargnées.

Les travaux au *corral* ne sont pas moins importants. Le corral est l'enceinte palissadée où le gaucho passe une partie de sa journée aux emplois les plus divers. Aussi le corral est-il près du rancho où il gîte. Devant le corral est planté le *palenque*, le poteau auquel est toujours attaché un cheval, qui est l'amorce de toute la gent chevaline de l'estancia. Comme les écuries sont inconnues et que, la nuit, tout ce qui porte crinière est lâché en liberté, il faut toujours avoir sous la main, prête à être sellée et enfourchée, une bête docile, sur laquelle le gaucho ira chercher les montures nécessaires. Parfois, il faut attendre plusieurs heures avant d'avoir le cheval désiré, qui est allé paître au loin, ou qui fait quelques façons pour revenir au corral. Mais, je l'ai déjà dit, le temps ne compte point, à la pampa.

C'est dans le corral qu'on dresse les chevaux; c'est là qu'on coupe crinière et queue à ceux qu'on exploite pour le crin. C'est là qu'on marque au fer rouge veaux et poulains; c'est là qu'on fend l'oreille aux agneaux, car tout animal, dans chaque estancia, doit porter une marque distinctive, signe particulier de son propriétaire. C'est auprès du corral qu'on soigne les moutons atteints de la gale, la grande peste des troupeaux argentins. Ah! la *sarna!* Partout on en entend parler; dans les journaux, sur les murailles, dans les stations de chemin de fer, dans les wagons, partout enfin on vous recommande les meilleurs remèdes contre ce mal, qui cause de si grands préjudices à l'éleveur. C'est auprès du corral qu'on égorge gros et petit bétail, pour nourrir patron et péons. C'est là qu'on suspend les peaux fraîches pour les faire sécher, ou qu'on les étend sur le sable, en les fixant avec des chevilles de bois, pour en exposer au soleil et au vent la surface humide C'est auprès du corral enfin qu'a lieu la tonte.

RANCHO.

La tonte est une opération importante, et, au moment où elle se fait, l'estanciero est sur les dents. Elle est faite d'ordinaire par des Indiens parlant le dialecte puelche. Ces Indiens, de petite taille, au teint basané, au front et au nez légèrement aplatis, sont en général originaires du Chili. Il reste encore des pampéens, mais en très petit nombre; la race en a été décimée lors de la conquête argentine. Les pampéens que nous avons eu l'occasion de rencontrer appartenaient aux débris des deux tribus de Tripaïlau et de Pichi-Yinka, qui vivaient en nomades dans la vaste région ayant pour centre, aujourd'hui, la capitale General Acha. C'étaient elles que l'on trouvait errant sur les plateaux et dans les *cañadones* d'Epupel (les deux tombeaux), de Maraco (l'étang aux lièvres), etc. Mais ce ne sont pas seulement les noms indiens de localités qu'elles ont laissés dans le pays; il reste encore des traces de leurs campements, abandonnés il y a trente ans à peine; nous en avons visité plus d'un, en vagabondant dans la pampa. Ces demeures passagères sont toujours établies dans des endroits abrités contre le vent, au pied de gros arbres ou derrière des buissons. Des bran-

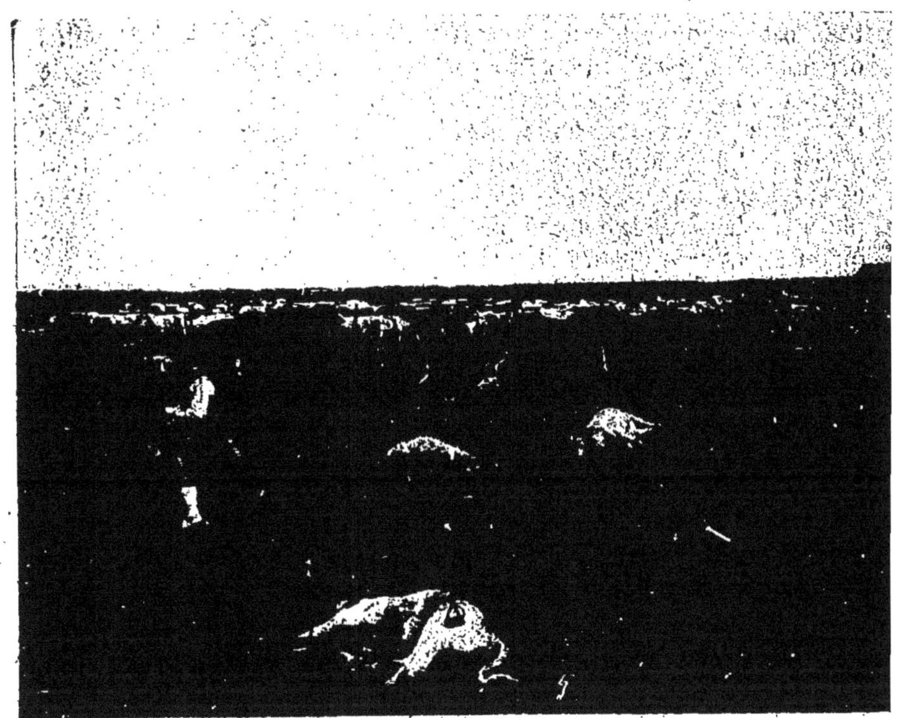

LE TRAVAIL DES GAUCHOS.

ches fourchues sont plantées dans le sol et servaient à soutenir les peaux et les couvertures qui formaient leurs tentes. A terre on voit encore des fragments de grossiers ustensiles, des fers émoussés et des cornes de bœuf évidées dont la pointe, qui a été limée, est remplacée par un bouchon de bois dur; ces cornes étaient des vases à boire.

Les Indiens sont des nomades. Aussi le métier de tondeur leur convient-il particulièrement, puisqu'il leur permet de ne faire, dans la même estancia, que des séjours de peu de durée. Lorsque l'Indien se loue comme péon, et on peut en dire autant du gaucho, il ne passe guère que quelques mois auprès du même maître. Un beau jour il part, non qu'il soit mécontent, mais parce qu'il a besoin de changer de place. Il reviendra peut-être vous servir un ou deux ans plus tard, et le fait n'est pas rare. Chez Don X..., un gaucho, que nous y avons connu, en était à son troisième engagement à l'estancia.

Le costume de l'Indien, qui rappelle beaucoup celui du gaucho, est caractérisé par le poncho et surtout par les mocassins, bottes molles faites avec le cuir de la patte du cheval. Le grand luxe de l'Indien et du gaucho, mais ce luxe devient rare à mesure que la civilisation pénètre dans ces régions, c'est l'usage de sellerie plaquée d'argent; éperons, selle, étriers, mors arabe, brides, rênes, tout est recouvert d'épaisses feuilles d'argent plus ou moins ornementées, parfois même incrustées d'or. Quand nous parlons de selle, nous employons une expression inexacte; le gaucho et l'Indien, tous deux excellents cavaliers, ne se servent point de ce genre de harnais, dont le *recado* leur tient lieu. Le recado est un assemblage, une superposition de cuirs et de couvertures qu'on place sur les *bastos*, bât composé de deux rouleaux ou boudins, et qu'on fixe sur le dos du cheval avec une sangle. Les peaux et les schabraques sont assez nombreuses pour que, le recado une fois ôté, le cavalier puisse s'en faire une couche et braver, en rase campagne, le froid de la nuit.

C'est ainsi que dorment les Indiens, enroulés dans leurs ponchos et chaudement protégés contre les intempéries par toutes les pièces de leurs recados, étendus sur le sable, tête nue. Rien de pittoresque comme de passer au clair de lune, ou avant le lever du soleil, au milieu d'un campement d'Indiens : hommes, femmes, enfants, pareils à des momies dûment entortillées dans leurs bandelettes, ne montrent que leur chevelure noire comme l'encre.

Le recado n'a souvent qu'un seul étrier, en bois ou en cuir, très étroit, servant uniquement à se mettre en selle. Le gaucho n'use pas habituellement de l'éperon; mais il arme sa main du *rebenque*, large et épaisse lanière de cuir fixée à un manche de bois, et si son cheval ne galope pas à son gré, il le frappe à coups redoublés; si la bête regimbe, ou qu'il faille, coûte que coûte, qu'elle brûle le terrain, c'est sur la tête de sa monture qu'il tapera avec le manche, à moins qu'il ne tire son couteau et n'en laboure le corps de l'animal pour le faire s'emporter sous l'aiguillon de la douleur.

En vivant à l'estancia, on se met à observer les bêtes, à saisir leur caractère, à étudier leurs mœurs, à fixer le degré de leur intelligence, et on se prend d'affection pour elles.

L'animal qui occupe le premier rang, par l'intérêt que gauchos, Indiens et Européens lui portent, c'est le cheval pampéen; avec sa forte tête et sa taille moyenne, il ne brille point par l'élégance des formes, mais c'est un coursier de premier ordre, et il ne le cède à aucun autre en sobriété. Que de fois ne galope-t-il point, la journée durant, sans manger et sans boire? Pour nourriture il se contente du *pasto*, car il ne goûte jamais les douceurs de l'avoine ou du maïs.

Lorsque la sécheresse est longue et que les mois passent sans que le ciel daigne humecter le sol, l'herbe des champs sèche, le pâturage s'évanouit, et la pauvre bête maigrit, s'affaiblit et fait pitié à voir. C'est dans cet état médiocre de santé qu'elle doit coucher à la belle étoile, ayant le sable pour litière, par les nuits froides de l'hiver. Aussi, lorsque, après avoir fait choix de l'un de ces excellents chevaux argentins, à la fois vifs et dociles, on l'a monté dans la bonne et la mauvaise saison, et qu'il a été le compagnon infatigable de vos voyages et de vos émotions, on s'attache à lui comme à un ami, et, si l'on est contraint de s'en séparer, on le quitte à regret, mais on ne l'oublie point.

La gent moutonnière, pour moins intéressante qu'elle soit, offre cependant des sujets dignes d'étude. Lorsqu'on parcourt la plaine, on rencontre, dans les lieux solitaires, des retraites cachées par les buissons, qui sont de véritables cimetières de moutons. Vous y verrez quinze, vingt squelettes peut-être, et des cadavres dans un état plus ou moins avancé, non de putréfaction, mais de dessiccation. Quand un animal meurt, les oiseaux de proie, les tatous et les rongeurs de toute sorte se chargent rapidement de le dépouiller et d'en faire leur pâture, et le vent vient à la rescousse pour sécher ce qui peut en rester. C'est là que la vieille brebis ou le bélier qui sent s'approcher la mort va dormir son dernier sommeil, entre les corps et les os blanchis de ses semblables. Ce n'est jamais sans mélancolie qu'en passant j'ai jeté un regard compatissant sur le pauvre mouton agonisant, qu'un instinct aussi touchant qu'impérieux poussait ainsi à se coucher auprès de ses frères.

La vie est faite de contrastes. Tandis que le vieux mâle meurt dans le fourré, le petit agneau s'ébat auprès de sa mère et se hâte de se coller à ses côtés, lorsqu'il a appris à fuir le renard, qui en a mordu plus d'un. Rien de gracieux, à l'époque de la mise bas, comme de voir ces grands troupeaux descendant des plateaux pour aller à la lagune, ou remontant de l'abreuvoir pour gagner la *planicie*, entraînant dans la confusion de leurs rangs pressés de jeunes brebis suivies de leur progéniture. Dans la cohue qui se précipite, les petits ne se trompent point de mère, et s'il leur arrive de la perdre, ils gémissent jusqu'à ce qu'ils l'aient retrouvée.

En paissant dans le steppe, le mouton, entre autres ennemis, a affaire à une graminée lancéolée, la *flechilla,* dont la pointe acérée comme une aiguille troue la peau de la bête, pénètre jusqu'à la chair, et parfois fait périr les agneaux. La flechilla est le fléau de certains champs et le désespoir des estancieros, les années où elle abonde.

Le mouton est, par excellence, l'animal domestique de la pampa. On en rencontre d'immenses troupeaux, de 15, 20, 25,000 bêtes; tel grand propriétaire possède même jusqu'à 100,000 têtes de menu bétail. On élève la race ovine pour la tonte et le commerce de la laine; la viande n'a point de valeur, parce qu'on ne peut pas l'exporter. J'ai vu vendre fréquemment des moutons pour trois piastres, ce qui faisait, au change du moment, quatre ou cinq francs. Aussi les gens du pays, qui ne vivent que de viande, sont fort exigeants sur sa qualité, ce qui se comprend de reste, et ne mangent que celle qui leur plaît. Deux Indiens qui travaillaient à l'estancia de X.. ont sous nos yeux tué quatre moutons avant de faire choix de la chair qui les mettrait en appétit. Au prix où gigots et côtelettes sont détaillés chez nous, cela rend rêveur le consommateur affamé et besoigneux de nos régions.

Je n'ai point parlé des vaches; c'est que je leur ai gardé rancune de ne nous avoir point fourni de lait, pendant mon séjour à la pampa. Il est vrai que ce n'était guère leur faute. La plupart étaient si sauvages qu'il était impossible de les traire, et l'unique péon qui avait le secret de les approcher et de tirer leur lait dis-

CARRETAS (CHARRETTES DE L'ARGENTINE).

parut un beau jour, sans réclamer sa paye. Ces fuites soudaines ne sont pas rares; il est vrai que le gaucho n'est pas embarrassé par ses bagages. Pour comble de malheur, lorsque vint l'hiver et avec lui la sécheresse, l'herbe manquant, plus de lait et, hélas! plus de veaux. On trouvait sur le sable, morts de faim, les pauvres petits abandonnés par leurs mères.

Un des beaux spectacles dont j'aie gardé le souvenir est celui du passage d'un grand troupeau de vaches qui fit halte à l'estancia, pour s'y désaltérer. C'était au soleil couchant; deux mille bêtes environ dévalaient des dunes, venant des plateaux, poussées par les chiens et les péons qui les guidaient, mais poussées bien plus encore par la soif vers la grande lagune, au pied de notre demeure. Cette armée, aux cornes redoutables, se précipita, en se bousculant et en beuglant, dans les eaux amères, où piétinant et buvant à longs traits il lui plaisait de stationner, et d'où elle ne finit par s'éloigner que grâce aux cris et aux dents des chiens, aux jurons et aux coups des gauchos.

La grande distraction de la pampa, pour celui qui n'aime ni l'eau-de-vie, ni le jeu, ni les paris aux courses de chevaux, c'est la chasse. Le pays est extraordinairement giboyeux. Si vous allez dans les parties reculées de la pampa, vous y trouverez le jaguar et le puma; ailleurs vous pourrez vous mesurer avec le chat sauvage, le *gato montés*, appelé aussi chat-tigre, qui habite les régions boisées, et le *gato pajero,* qui vit dans les hautes herbes; tous deux ont les instincts du tigre et sont parfois dangereux pour le chasseur qui les poursuit. Le renard gris est aussi très abondant, ainsi que le *zorrino* à l'odeur infecte, qui fournit au commerce la belle fourrure connue sous le nom de skungs, et le myopotamo. Les guanacos, les cerfs, les autruches nandous sont nombreux aussi dans les steppes. Le lièvre de Patagonie (nous en avons tué pesant jusqu'à 9 kilogrammes), la grande perdrix à aigrette ou *martinete,* la petite perdrix des sables, les ramiers, les tourterelles, les canards, les poules d'eau et toute une série d'oiseaux rappelant nos grives, nos alouettes, etc., tels sont les gibiers les plus appréciés des Européens habitant la pampa; car l'indigène fait fi de la plupart d'entre eux, et leur préfère en général la viande de mouton. Il faut y joindre une sorte de gros lapin à la tête monstrueuse et disproportionnée, qui pullule dans la pampa; je veux parler de la *vizcacha,* dont la chair blanche a le goût de celle du lapin sauvage.

La vizcacha, dans la pampa, est un fléau semblable à celui du lapin en Australie. Tous les moyens sont employés pour se débarrasser de cette bête inoffensive, qui a le tort de creuser d'énormes terriers et de labourer ainsi les prairies sans aucun profit. Ces galeries souterraines sont, en outre, dangereuses pour les cavaliers, car elles peuvent s'effondrer sous le pied du cheval, ou bien celui-ci peut se casser la jambe, en la posant sur l'une des entrées de la mine. Le même danger existe là où les tatous, très abondants, ont fait leurs trous. Certains espaces de terrain sont perforés à tel point par les vizcachas et les tatous, qu'ils ressemblent à d'immenses passoires, de plusieurs dé-

CHEVAL PRIS AU LASSO.

camètres carrés de superficie. Malheur à qui s'aventure au galop de sa monture, ou de nuit, dans ces fondrières d'un nouveau genre.

Les vizcachas ne quittent leurs tanières que dans l'obscurité; aussitôt que le soleil a disparu à l'horizon et que les étoiles commencent à briller, vous les voyez sortir de terre et courir à l'entour de leur demeure comme d'énormes rats. Si vous vous êtes mis à l'affût dans un lieu riche en terriers, attendez, pour jouir du spectacle, avant de lâcher votre coup de fusil, que la gent ténébreuse et confiante soit bien persuadée que l'ennemi n'est point proche. Le sol, devant vous, fourmille littéralement de ces rongeurs gros ou petits. C'est un grouillement fantastique, car la tête est laide avec son large museau et ses dents recourbées; et ce peuple de revenants, prêt à rentrer sous terre au moindre bruit, produit sur le spectateur une impression de désolation et de froid, quand, à la clarté de la lune, dans le silence de la nuit, on l'entend gratter le sol et ronger l'herbe ou l'écorce des arbustes.

Mais laissons les vizcachas accomplir dans l'ombre leur travail mystérieux, et revenons au soleil, pour contempler les oiseaux dans l'espace éthéré. Eux aussi y multiplient par légions. Et tout d'abord les oiseaux de proie, milans, éperviers, etc., tous nuisibles aux troupeaux, et qu'on s'efforce de détruire, comme les renards, par le poison. A leur tête, leur roi, l'aigle, un aigle superbe au plumage gris d'argent. Sur les lagunes, de magnifiques cygnes blancs au cou noir, des oies, des flamants roses et des flamants gris. Ailleurs, des perroquets de petite espèce, des vanneaux, etc.

Dans ce monde des bêtes à demi ou tout à fait sauvages, avec les occupations multiples et variées que comporte l'estancia, dans la compagnie des colons, des gauchos et des Indiens, mais surtout au sein de cette nature étrange, d'un caractère si original dans sa monotonie même, la vie, pour l'homme qui ne redoute pas la solitude, a un charme tout particulier et une saveur qu'on ne saurait oublier, une fois qu'on l'a goûtée. Ce charme, cette saveur consistent essentiellement dans la liberté absolue dont on jouit. Nulle part je n'ai éprouvé à un plus haut degré le sentiment de ma complète indépendance que dans la pampa. Cette liberté n'a de limite que celle que la conscience impose; il n'y a qu'au désert qu'un tel idéal de vie libre puisse être réalisé. Le gouvernement est trop loin pour qu'on en sente peser la main protectrice mais lourde; l'administration est trop éloignée aussi ou trop relâchée pour qu'on ait à se plaindre de ses tracasseries; quant à la police, les quelques cavaliers de l'armée argentine qui en sont chargés, dans cet immense territoire, bornent forcément leur rôle à leurs obligations strictes, et personne ne s'en trouve mal. Sans doute, chacun doit veiller sur son existence de plus près qu'on ne le fait dans les régions plus peuplées et mieux gardées. Dans un pays où les gens de sac et de corde ne sont pas rares, il faut toujours être armé, ne fût-ce que pour inspirer le respect; mais, les vols et les attentats criminels ne sont pas plus fréquents dans la pampa, toutes choses égales d'ailleurs, que dans nos grandes cités ou dans nos campagnes.

Si l'on souffre de la solitude, on en jouit aussi, loin des villes bruyantes et des sociétés qui s'y agitent, loin de leurs querelles, de leurs rivalités et de leurs intrigues. C'est la réflexion qu'il m'est souvent arrivé de faire, lorsque je parcourais à cheval la plaine aux lointains horizons. Fixant ma pensée sur cette immensité silencieuse des cieux et cette étendue infinie en apparence du sol que je foulais, dans cet espace sans bornes où la présence de Dieu s'imposait impérieusement à moi en une mystique obsession, les questions qui nous passionnent dans nos cercles étroits de la vie citadine, et même plus d'un problème qui nous donne la fièvre dans notre vie scientifique, m'apparaissaient réduits aux justes et mesquines proportions qui leur conviennent.

Dans quelle mélancolie profonde me berçait le mouvement régulier de mon cheval, lorsque seul, très éloigné de l'estancia, n'ayant pour guides que ma connaissance imparfaite des lieux et ma boussole, j'avais le sentiment d'être à la merci de ma monture! Une chute dans un trou de tatou ou de vizcacha, un accident vulgaire qui me jette sur le sable et m'immobilise caché dans les herbes ou les buissons, ma bête qui s'enfuit... qui sait si l'on me retrouvera, ou si le secours me parviendra à temps? On comprend alors quelle affectueuse amitié peut s'établir entre cavalier et cheval, lorsque l'un peut avoir une confiance absolue dans l'autre! Les carcasses d'animaux dont la plaine est couverte suffisent à vous rappeler que la vie est fragile et que l'existence a peu de prix, et point n'est besoin, pour vous convaincre de cette vérité banale, de vous raconter, autour de l'âtre de l'estancia, les histoires lugubres d'individus abandonnés dans la pampa, et que la légende est en train de rendre encore plus terrifiantes.

***

Le gaucho est superstitieux, et il en est de même de l'Indien. C'est à sa superstition qu'il faut rattacher certaines coutumes étranges, comme le *velerio,* pratiqué dans la pampa, où il tend cependant à disparaître. Le velerio est la réunion des personnes qui veillent auprès d'un défunt dans la maison mortuaire. Lorsque c'est un petit enfant, un *angelito,* qui est mort, on assied le cadavre revêtu de ses plus beaux habits sur un fauteuil, que l'on place sur une table ou une estrade entourée de chandelles allumées. Pendant que le mort trône à l'éclat des lumières, dans la grande salle de la pulperia, les gens du voisinage viennent faire la veillée en dansant autour du catafalque. Tandis qu'un gaucho pince de la guitare, les couples passent en tournant, et le bal va échauffant et montant les têtes, et il dure et recommence le soir suivant, jusqu'à ce que la dépouille mortelle nécessite une prompte inhumation.

Les pratiques les plus superstitieuses qu'il m'ait été donné de constater dans la pampa sont relatives aux nombres néfastes. Un Indien veut acheter un cheval à Don X..., qui lui en demande quinze piastres; il ne consent jamais à le payer à ce prix-là, mais il l'acquiert en déboursant seize piastres. Don Z... cherche à engager à son service un Indien en lui offrant quinze piastres par mois; l'Indien refuse, mais consent à devenir péon à raison de quatorze piastres. Deux Indiens du Chili arrivent un jour à l'estancia du Maraco; dans une profonde misère tous les deux, ils contractent un engagement d'une année. Don E... leur offre cent vingt piastres; ils refusent, mais ils s'engagent pour un salaire de cent piastres; il n'y a en cela ni dupeurs ni dupés, il y a seulement de pauvres gens pour lesquels certains nombres portent malheur dans certaines circonstances données.

Notre ignorance du puelche et la brièveté relative de notre séjour dans la pampa, ne nous ont malheureusement pas permis de pénétrer bien avant dans l'intimité de l'Indien, mais le peu que nous avons appris à connaître de ses idées, de ses mœurs, de sa vie, nous l'ont fait prendre en profonde pitié. Il appartient à cette grande classe des déshérités de la terre que les races supérieures en force brutale, en intelligence des affaires et des intérêts de la vie, ont chassés de la surface du globe et refoulés comme des balayures dans un coin du désert, quand elles ne les ont point annihilés par la servitude, car l'Évangile, le spiritualisme et la science, qui sont nos plus hauts titres de gloire, n'ont joué qu'un rôle infime dans ces conquêtes et ces dévastations.

Édouard Montet.

LES SABLES A LA PAMPA.

www.ingramcontent.com/pod-product-compliance
Ingram Content Group UK Ltd.
Pitfield, Milton Keynes, MK11 3LW, UK
UKHW020430220726
13923UKWH00005B/2154

9 782019 322052